Made in the USA
Las Vegas, NV
01 June 2022

49625592R00065